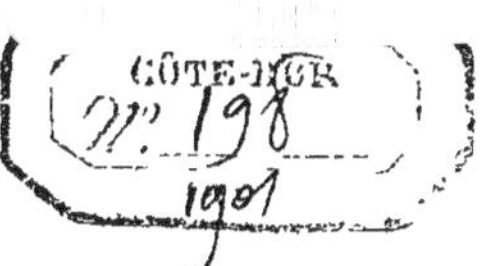

DECRET

SUR LA COMPOSITION

DES

RATIONS

DU 29 NOVEMBRE 1897

AVEC LES MODIFICATIONS

du 26 janvier 1899 et du 27 novembre 1901

EN VIGUEUR A COMPTER

DU 1er JANVIER 1902

PARIS

Augustin CHALLAMEL, Éditeur

Rue Jacob, 17

Librairie Maritime et Coloniale

—

1902

DECRET

SUR LA COMPOSITION

DES

RATIONS

DU 29 NOVEMBRE 1897

AVEC LES MODIFICATIONS

du 26 janvier 1899 et du 27 novembre 1901

EN VIGUEUR A COMPTER

DU 1er JANVIER 1902

PARIS

Augustin CHALLAMEL, Éditeur

Rue Jacob, 17

Librairie Maritime et Coloniale

1902

MINISTÈRE DE LA MARINE

—

ÉTAT-MAJOR GÉNÉRAL
Sous-direction
des services auxiliaires de la flotte

SUBSISTANCES ET HOPITAUX.

—

Paris, le 27 novembre 1901.

Messieurs les Vice-Amiraux, commandant en chef; Préfets Maritimes; Officiers généraux, supérieurs et autres, commandant à la mer.

Messieurs, j'ai l'honneur de vous faire connaître que par suite de la délivrance, à compter du 1er janvier 1902, *d'un type unique de farine,* l'arrêté déterminant la composition des rations dans le département de la Marine est modifié comme suit (1) :

———

(1) — **Note de l'éditeur.** — Les modifications apportées au décret du 29 novembre 1897, par la décision ministérielle du 26 janvier 1899 et par la circulaire ci-dessus, du 27 novembre 1901, ont été intercalées dans le texte même, en remplacement des articles modifiés.

———

Le Ministre de la Marine à Messieurs les Vice-Amiraux commandant en chef, Préfets maritimes, Officiers généraux, supérieurs et autres, commandant à la mer.

(État-major général ; Services auxiliaires de la flotte ; Bureau des subsistances et Hôpitaux).

Paris, le 26 janvier 1899.

Ration du marin embarqué

Messieurs, la circulaire du 20 novembre 1897, notifiant un arrêté sur la composition des rations, prescrivait d'indiquer les observations auxquelles pouvait donner lieu l'application du nouveau régime alimentaire, ainsi que les modifications qu'il serait utile d'y apporter.

D'après les rapports qui m'ont été transmis, la ration est généralement considérée comme suffisante et elle correspond aux fatigues que le marin supporte sur les bâtiments actuels.

Dans ces conditions, les modifications qu'il convient d'introduire à l'arrêté précité ne peuvent porter que sur des points de détail ; elles font l'objet des dispositions ci-jointes qui règlent à nouveau la quotité des assaisonnements ainsi que diverses délivrances hors rations, et seront substituées aux articles correspondants dudit arrêté.

La faculté de percevoir des indemnités représentatives de viande et de légumes, pour varier la nourriture, a été très appréciée et a paru susceptible d'être légèrement étendue en maintenant, toutefois, l'obligation de faire consommer les approvisionnements embarqués dans la proportion voulue pour éviter des condamnations.

En conséquence, la perception de l'indemnité de viande de 0 fr. 40 demeurera obligatoire, dans les ports et rades de France et d'Algérie, une fois par semaine ; elle sera facultative une seconde fois par semaine à partir de 1900.

Dans la métropole, l'indemnité de légumes secs (0 fr. 03) pourra être perçue par les bâtiments quatre fois par semaine.

En principe, il ne sera plus acheté de pommes de terre, pour les rationnaires, au compte du budget ; les bâtiments se procureront cette denrée au moyen des indemnités de vivres perçues d'avance, lesquelles pourront également être consacrées à l'achat de toutes autres espèces de vivres. La chapitre « Vivres » ne supportera les dépenses d'achat de pommes de terre que dans les contrées où le prix de ces denrées est très élevé et où il n'existe pas d'autres légumes frais pouvant être obtenus, avec les indemnités représentatives, pour leur être substitués ; dans ce cas, les distributions de pommes de terre n'auront pas lieu plus de deux jours par semaine.

A l'extérieur, dans les endroits où le prix de la viande de bœuf n'atteint pas 1 franc le kilogramme, l'indemnité de 0 fr. 40 ne pourra être perçue plus de trois jours par semaine.

D'autre part, afin d'améliorer la qualité du pain fabriqué à bord, les bâtiments pourront embarquer de la levûre. (D'après les expériences faites, la levûre de grains est supérieure à celle de bière.)

Dans les ports chefs-lieux, la levûre sera achetée par le détail des subsistances et délivrée aux navires ; sur le littoral de la France et à l'extérieur, les bâtiments auront la faculté de l'acheter directement.

Enfin, comme il a été signalé que les jours où les distributions en nature étaient remplacées, pour l'équipage, par des indemnités représentatives, les tables de bord ne pouvaient pas percevoir ces indemnités pour leurs domestiques, j'ai décidé que désormais les agents de service et matelots attachés aux diverses tables et nourris par elles compteront à l'effectif de ces tables, au point de vue de la ration.

Par suite, les agents et matelots dont il s'agit seront, dans l'ordre journalier de délivrance, défalqués de l'équipage et ajoutés à l'effectif des tables.

J'ai l'honneur de vous prier de vouloir bien assurer l'exécution de ces dispositions.

Signé : Edouard Lockroy.

Le Ministre de la Marine, *à Messieurs les Vice-Amiraux comman-dant en chef, Préfets maritimes ; Officiers généraux, supérieurs et autres commandant à la mer ; Contre-Amiral commandant la Marine en Algérie.*

(Direction du Personnel ; — 2ᵉ Sous-Direction ; Services administratifs ; —
Bureau des Subsistances et Hôpitaux.)

Paris, le 29 novembre 1897.

Notification d'un arrêté ministériel du 29 novembre 1897, déterminant la composition des rations.

Messieurs, j'ai l'honneur de vous notifier un arrêté contenant de nou-velles dispositions au sujet de la composition des rations et qui sera appli-qué, *à titre d'essai*, à partir du 1ᵉʳ janvier prochain, aux lieu et place du décret du 11 décembre 1893.

Vous remarquerez qu'il n'est plus prévu qu'une seule espèce de ration, qui sera délivrée à tout le personnel de la Flotte, à l'exception de celui qui est en service dans les dépôts. Cette ration comprendra chaque jour, soit 400 grammes de viande de bœuf ou 300 grammes de mouton ou de porc frais, soit 250 grammes de conserves de viandes ou 300 grammes de porc salé.

En raison de leur prix élevé, les conserves de bœuf, que l'on fabriquera désormais à l'usine de Rochefort, ne seront distribuées qu'à la mer, sauf lorsqu'il y aura lieu d'activer la consommation de l'approvisionnement et conformément aux instructions spéciales qui seront adressées à cet effet.

Afin de simplifier la comptabilité, il a été établi des allocations *jour-nalières* pour les légumes et les assaisonnements, et l'arrêté dispose que les vivres-viande, ainsi que les légumes secs, pourront être remplacés par des indemnités représentatives dont le taux est fixé, et que les conseils d'administration auront la faculté de percevoir lorsque les commandants le jugeront à propos, pourvu que les approvisionnements embarqués soient consommés dans la proportion voulue pour éviter des condamna-tions.

Les conseils d'administration qui auront ultérieurement la gestion des prestations en nature se conformeront, pour la perception et la compta-bilité de ces indemnités, aux règles tracées par l'instruction du 21 no-vembre 1896.

Ce système d'allocation d'indemnités de viande et de légumes permettra de donner aux équipages une nourriture variée, sans introduire sur les bâtiments le régime complet de l'ordinaire qui présente de sérieux inconvénients à bord des navires armés.

Dans les ports et rades de France et l'Algérie, la perception de l'indemnité de viande de 0 fr. 40 sera obligatoire une fois par semaine.

La ration journalière de pain a été ramenée à l'ancienne fixation (750 grammes), qui a été jugée suffisante.

Les commandants des bâtiments pourront d'ailleurs, à titre d'essai, *mettre en commun* la quantité globale de pain ou de biscuit revenant à l'équipage.

Conformément aux avis exprimés par la plupart des commandants, ainsi que par le service médical, le tafia, dont la délivrance était déjà supprimée dans les pays chauds, n'a plus été compris dans la ration. Les spiritueux ne seront distribués que comme délivrance hors ration et seulement aux équipages à la mer ou en station sous des climats froids ou humides. Pour éviter l'ingestion du tafia à jeun, le boujaron ne sera délivré, à chaque plat, que lorsque la gamelle ayant contenu le café sera rapportée vide à la cambuse.

La composition de la ration des marins des dépôts, qui vivent à l'ordinaire, a été simplifiée pour faciliter le décompte de l'indemnité représentative, tout en maintenant à celle-ci la valeur qu'elle avait précédemment.

La ration de troupe n'a pas été modifiée ; mais, conformément aux dispositions de la circulaire du 25 octobre dernier, les ordinaires profiteront de la moitié de la valeur des rations de pain perçues en moins par le corps.

Lors de la prochaine inspection générale, il devra être établi un rapport spécial indiquant les observations auxquelles aura pu donner lieu l'application du nouveau régime, ainsi que les modifications qu'il pourrait être utile d'y apporter.

Jusqu'à ce que les approvisionnements de graine de moutarde soient épuisés, ce condiment sera délivré à tous les rationnaires embarqués ou à terre (troupes et détenus compris), en supplément à la ration.

A titre transitoire, le fromage existant soit dans les magasins, soit à bord des bâtiments, continuera d'être délivré dans les mêmes conditions que par le passé.

Signé : G. BESNARD.

Arrêté déterminant la composition des rations dans le Département de la Marine.

(Du 29 novembre 1897.)

LE MINISTRE DE LA MARINE,

Le comité des inspecteurs généraux de la Marine entendu,

ARRÊTE

CHAPITRE PREMIER

MARINS EMBARQUÉS

SECTION PREMIÈRE

RATIONS

ARTICLE PREMIER

Ration des hommes embarqués

1. — La ration à délivrer aux personnes embarquées sur les bâtiments de la flotte se compose, pour chaque individu, quelle que soit sa qualité à bord, ainsi qu'il suit :

DENRÉES			Ration journalière	Déjeuner	Diner	Souper
Vivres-pain. (A)	Pain.		750 gr.	200 gr.	275 gr.	275 gr.
	Biscuit		»	150 g. (8)	»	,
Vin	Marins		50 cl.	»	25 cl.	25 cl.
	Mousses		30 cl.	»	15 cl.	15 cl
Déjeuner . .	Café		20 gr.	20 gr.	»	»
	Sucre		20 gr.	20 gr.	»	»
Vivres viande. (B)	Viande fraiche (1) ou	de bœuf. .	400 gr. (5)	»	200 gr.	200 gr.
		de mouton, de veau ou de porc	300 gr. (5)	»	150 gr.	150 gr.
	Conserves de viande (2) ou		250 gr. (5)	»	125 gr.	125 gr.
	Porc salé		300 gr. (5)	»	150 gr.	150 g (9)
Légumes . .	Légumes verts (argent) (3) et		0 fr. 04 (6)			
	Légumes secs (haricots ou riz)		100 gr. (7)	(D)		
Assaisonne-ments (C).	Graisse ou huile ou ge-lée de viande . . .		6 gr.	(E)		
	Poivre		0 gr. 10			
	Sel . . . . . (4)		16 gr.			
	Vinaigre		8 mill	(F)		

(1) Lorsque le pain est fabriqué a bord il est alloué 740 grammes de farine par kilo-gramme de pain. Dans les cas exceptionnels où cette allocation serait reconnue insuffisante, la quantité consommée en sus serait justifiée par un ordre écrit et motivé du com-mandant.

(B) Peuvent être remplacés par une indemnité représentative de 0 fr. 40 par jour ou de 0 fr. 20 par repas (3).

(C) Les allocations de légumes et d'assaisonnements sont *journalières*, c'est-a-dire qu'elles doivent être décomptées d'après l'effectif journalier des rationnaires de l'équipage. Mais lorsque des subsistants ne prennent a bord qu'un seul repas (diner ou souper) ces alloca-tions doivent être réduites de moitié, le calcul de la dépense s'établit en multipliant la quotité de l'allocation journalière par la moitié de l'effectif des ayant cause.

(D) Peuvent être remplacées par une indemnité représentative de 0 fr. 03 (3), peuvent également être remplacées a l'extérieur par 400 grammes de pommes de terre.

(E) Délivrées suivant les besoins. La dépense mensuelle ne doit pas dépasser le total des allocations acquises pour les trois denrées réunies

(F) Délivrées suivant les besoins. La dépense mensuelle ne doit pas dépasser le total des allocations acquises. Toutefois pour le sel il peut être alloué un supplément dans la limite de 4 grammes, la quantité ainsi délivrée sera portée en dépense a la fin de chaque mois.

(1) Suivant les ressources des lieux et afin de varier la nourriture, il peut être embar-qué des moutons ou des porcs pour être distribués a raison de 300 gr. par ration jour-naliere, si cette mesure n'est pas onéreuse pour le trésor.

(2) Il peut être délivré de la viande a un repas (ration de 200 gr. ou de 150 gr.) et a l'autre repas des vivres de conserve (125 gr. de conserves de viande ou 150 gr. de porc salé).

(3) Les diverses indemnités représentatives auxquelles s'ajoute le produit de la vente des peaux issues, boites a conserves, etc., doivent servir exclusivement au régime alimen-taire des hommes. Il est expressément interdit de les affecter a un autre usage. Les bords ont toute latitude pour employer ces indemnités a l'achat de poisson, de pâtes alimentaires, d'œufs, etc.

(4) Il est en outre alloué du sel pour la fabrication du pain.

(5) Les jours où la totalité des vivres viande sera allouée en une seule espèce de viande (viande de bœuf, de mouton, de veau ou de porc frais, conserves ou porc salé), la réparti-tion par repas pourra être modifiée par les autorités du bord.

(6) Des légumes desséchés peuvent être délivrés par les magasins des subsistances ou les dépôts coloniaux, sur la demande des commandants pour être consommés a raison de 4 gr. pour 1 centime.

(7) Avec faculté de mélanger et de délivrer suivant les besoins, pourvu que la dépense mensuelle ne dépasse pas le total des allocations acquises.

(8) En remplacement de 200 grammes de pain.

(9) Pouvant être remplacés deux fois par mois pour les bâtiments par 100 grammes de sardines.

Nota. — Les denrées de la ration doivent être, autant que possible, préparées en ragoût, rôtis, etc., pour tout ou partie de l'équipage.

2. — Toutefois, en France, la ration de pain peut être remplacée :

1º Pour les tables d'officiers (Aspirants, Etat-major, Commandant, etc.),
par 540 grammes de petit pain ;

2º Pour la table des maîtres, par 600 grammes de pain blanc.

3. — La ration du marin embarqué peut être remplacée par une indemnité représentative, dont le taux est déterminé par le Ministre.

4. — La ration des marins indigènes embarqués sur les bâtiments de la flotte est réglée par des dispositions spéciales.

ART. 2.

Modifications à la ration.

1. — Les commandants en chef des forces navales et les commandants des bâtiments à la mer peuvent modifier la composition de la ration des équipages lorsqu'ils le jugent indispensable, eu égard aux nécessités hygiéniques.

2. — La même faculté leur est accordée lorsque, dans certaines circonstances, il y aurait avantage réel à le faire, en raison de l'état relatif des approvisionnements et du prix des denrées sur les lieux de station ou de relâche. Dans l'un et l'autre cas, ils sont tenus de rendre compte spécialement au Ministre de la nature des modifications, de leur durée et des motifs qui ont nécessité la mesure.

ART. 3.

Ration des malades.

1. — La ration de malade, à bord des bâtiments, est composée d'après les prescriptions médicales.

2. — Les commandants des bâtiments, sur les propositions écrites des médecins-majors, peuvent autoriser, lorsqu'ils en reconnaissent la nécessité, l'achat de poules, œufs, poissons, légumes et autres vivres frais, pour être délivrés aux malades en remplacement des denrées embarquées.

3. — Les denrées nécessaires aux malades peuvent également être délivrées, à titre de cession, par les tables.

ART. 4.

Personnel à terre autre que les marins des dépôts.

1. — Le personnel des Equipages de la flotte en service à terre autre que les marins des dépôts, reçoit la ration du marin embarqué.

2. — Les instructeurs et les élèves de l'Ecole de gymnastique reçoivent en outre un supplément de 25 centilitres de vin, de 100 grammes de pain et de 50 grammes de viande par jour.

SECTION II

DÉLIVRANCES HORS RATION

Art. 5.

Délivrances de spiritueux.

1. Excepté dans les pays chauds, il peut être délivré au déjeuner (1) 3 centilitres de spiritueux aux équipages (tables des maîtres et des seconds-maîtres comprises) des bâtiments ayant été à la mer pendant une période de temps quelconque comprise entre 10 heures du soir et 6 heures du matin ; il appartient aux commandants en chef et aux commandants des bâtiments isolés d'apprécier, suivant le climat des parages où se trouvent les bâtiments, s'il est nécessaire ou non d'autoriser la délivrance des spiritueux. En tout cas, cette distribution ne peut avoir lieu sur les bâtiments quand ils bénéficient des dispositions des articles 14 ou 15. Dans la Méditerranée, cette délivrance ne peut être faite que très exceptionnellement, en hiver, quand la température l'exige. Sur les côtes nord et ouest de la France, elle n'est autorisée que du 1er novembre au 1er avril, si la température le nécessite.

2. La même délivrance peut être faite aux équipages des navires se trouvant dans les ports et rades, sous des climats froids ou particulièrement humides ; en France, ces conditions ne s'appliquent qu'aux ports du nord, dans lesquels les délivrances ne sauraient d'ailleurs être faites, si la température le nécessite, que durant la période comprise entre le 1er novembre et le 1er avril, à moins de circonstances climatériques exceptionnelles. La délivrance est ordonnée par le commandant en chef ou par les commandants des bâtiments isolés.

3. Les spiritueux ne sont pas délivrés le cas échéant aux jeunes gens de moins de 18 ans, non plus qu'aux femmes passagères.

Art. 6.

Bâtiments-écoles.

1. — Le personnel en instruction des bâtiments-écoles de gabiers et de canonnage (quartiers-maîtres et matelots instructeurs compris) peut recevoir un supplément de 75 grammes de pain par jour.

2. — Ce supplément n'est accordé que sur un ordre spécial du commandant.

3. — Le personnel en instruction des bâtiments-écoles des gabiers, de canonnage et des torpilles, et leurs instructeurs, peuvent recevoir, pendant

(1) Pour éviter l'ingestion du tafia à jeun, le boujaron ne sera délivré, a chaque plat, que lorsque la gamelle ayant contenu le café sera rapportée vide à la cambuse ou bien encore le tafia sera mis dans le café avant sa distribution à l'équipage.

la période des exercices, un supplément de 25 centilitres de vin par jour.

4. — Ces délivrances, auxquelles les seconds-maîtres instructeurs peuvent participer, ne sont autorisées que lorsque le commandant de l'Ecole en reconnaît la nécessité.

ART. 7.

Suppléments de chauffe

1. — Lorsque les feux sont allumés à bord des bâtiments à vapeur, il est accordé à chaque homme du personnel de la machine en service soit devant les feux, soit dans la machine, soit dans les soutes, sans toutefois dépasser l'effectif réglementaire des quarts :

1º Par quart de quatre heures (tout quart commencé étant réputé terminé), 12 centil. de vin et 100 grammes de pain ;

2º Par jour, une boisson hygiénique étendue d'eau et pour la préparation de laquelle il est alloué 10 grammes de café, 10 grammes de sucre.

Lorsqu'il n'y a d'allumés à bord que les feux nécessaires au fonctionnement de l'éclairage électrique ou des appareils divers autres que les machines motrices proprement dites, l'allocation précitée de 12 centil. 5 de vin et de 100 grammes de pain est attribuée par jour et non par quart ; la boisson hygiénique est, dans ce cas, allouée intégralement.

2. — Le maître mécanicien chargé participe à la boisson hygiénique et il lui est attribué, en outre, 25 centilitres de vin par vingt-quatre heures.

3. — Les commandants peuvent allouer les suppléments de chauffe aux hommes en faction devant le tableau de distribution placé à côté de la machine Gramme, lorsque cet appareil est situé dans un compartiment où la température est très élevée.

4. — Les dispositions du présent article ne sont pas applicables au personnel de la machine en service dans les canots à vapeur.

ART. 8. (Supprimé).

ART. 9.

Bateaux torpilleurs à la mer.

1. — Les équipages (personnel de la machine non compris) des bateaux, torpilleurs, torpilleurs vedettes, torpilleurs de 3º, 2ᵉ et 1ʳᵉ classe, torpilleurs de haute mer, avisos torpilleurs chefs de groupe, reçoivent *à la mer* un supplément de 25 centilitres de vin par jour.

2. — Les membres de la table des maîtres participent à cette délivrance.

3. — Le personnel de la machine des bateaux-torpilleurs reçoit, à la mer, les allocations supplémentaires prévues à l'article 7 ; toutefois *à la mer* l'allocation de vin est portée à 25 centilitres par quart. Ce personnel ne peut cependant pas recevoir plus d'un litre de vin par jour, ration comprise.

Art. 10.

Suppléments divers.

1. — Les commandants des bâtiments sont autorisés à ordonner la distribution de rations supplémentaires de 25 centilitres de vin à l'occasion des réjouissances publiques.

2. — Des distributions de 25 centilitres de vin peuvent être effectuées à la suite de travaux extraordinaires ou pénibles, à propos desquels il peut être également alloué exceptionnellement 100 grammes de pain et 50 grammes de conserves de viande ou de poisson.

Les dispositions du présent paragraphe s'appliquent notamment, en ce qui touche les distributions de vin, au personnel de la machine en service dans les canots à vapeur ainsi qu'aux patrons et brigadiers desdits canots

3. — Les officiers généraux, supérieurs et autres commandant à la mer sont autorisés à donner des gratifications de 25 centilitres de vin à la suite des inspections générales.

4. — Les commandants des bâtiments sont autorisés à accorder, à titre de récompense, des suppléments de 25 centilitres de vin ; sauf dans des cas particuliers, qui sont laissés à l'appréciation des commandants, le nombre des quarts de vin à accorder par semaine ne doit pas dépasser la moitié de l'effectif réglementaire (officiers non compris) de l'équipage suivant la position dans laquelle se trouve le bâtiment.

5. — Les membres de la table des maîtres et des seconds-maîtres peuvent participer à ces délivrances.

Art. 11.

Délivrances spéciales aux climats très froids.

1. — Il est délivré aux équipages (les membres de la table des seconds-maîtres compris) des bâtiments en mission à Terre-Neuve ou en Islande, ou naviguant sous des climats très froids, un supplément de pain ou, à défaut de biscuit.

2. — Les commandants règlent ces délivrances en se maintenant, pour la consommation totale, dans un maximum calculé à raison de 125 grammes de pain ou 90 grammes de biscuit par homme et par jour pendant la durée de la présence des bâtiments dans les parages dont il s'agit.

Art. 12.

Boissons chaudes.

1. — Les commandants des bâtiments naviguant ou en station dans des parages froids ou humides sont autorisés à faire délivrer aux hommes, quand ils en reconnaissent la nécessité, une boisson composée de 20 centilitres d'eau chaude, de 3 centilitres de spiritueux, de 15 grammes de sucre et de 4 grammes de thé.

2. — Cette délivrance peut être faite, en France, lorsque la nécessité en est démontrée, aux équipages des torpilleurs qui viennent d'effectuer une sortie par mauvais temps.

Art. 13.

Délivrances spéciales à la station de Terre-Neuve ou d'Islande.

1. — Les équipages des bâtiments devant former la station de Terre-Neuve ou d'Islande ont droit, par homme et pour la durée de la campagne, à 600 grammes d'huile d'olive.

2. — Les membres de la table des seconds-maîtres participent à cette délivrance.

Art. 14.

Délivrances spéciales aux pays chauds.

La délivrance suivante peut être accordée, par homme et par jour, aux équipages (membres de la table des seconds-maîtres compris) des bâtiments pendant les traversées entre Suez et l'Indo-Chine ou entre l'Indo-Chine et Suez, pendant le stationnement à la Guyane, sur la côte occidentale d'Afrique, dans la mer des Indes, dans l'Indo-Chine, dans le sud de la Chine, aux Philippines, etc., savoir :

Café, 10 grammes ou thé 4 grammes ; sucre, 10 grammes.

Art. 15.

Ration hygiénique.

1. Il est alloué aux équipages des bâtiments stationnant ou naviguant entre les tropiques, par homme et par jour, 3 grammes de café pour la préparation d'une boisson hygiénique.

2. Une allocation semblable peut être accordée, pendant les grandes chaleurs, aux équipages des bâtiments stationnant ou naviguant en dehors des tropiques.

3. Pour les bâtiments sur rade ou dans les ports des chefs-lieux de la métropole, la délivrance est réglée conformément aux dispositions de l'article 18.

CHAPITRE II

MARINS DES DÉPOTS

Art. 16.

Ration.

1. En temps de paix, les officiers mariniers, quartiers-maîtres et marins des dépôts vivent à l'ordinaire.

2. — L'indemnité représentative de vivres est basée sur la ration suivante :

DENRÉES	RATION JOURNALIÈRE	OBSERVATIONS
Vitres-pain . . . Pain.	750 gr.	
Vin.	35 centil.	
Déjeuner . . . { Café.	15 gr.	
{ Sucre	10 gr.	
Vivres-viande . Viande fraîche. . .	300 gr.	
Légumes . . . { Légumes verts . .	0 fr. 03	
avec		
{ Légumes secs . . .	100 gr.	
Assaisonnements { Graisse ou huile .	10 gr.	
Poivre.	0 gr. 05	
Sel	16 gr.	
Vinaigre	5 mill.	

3. — En temps de guerre, si le Préfet maritime ne juge pas préférable de maintenir le régime de l'ordinaire, les marins des dépôts reçoivent la ration ci-dessus, augmentée de 50 grammes de viande.

Art. 17.

Délivrances hors ration.

1. — A l'occasion des réjouissances publiques et dans des cas exceptionnels, tels que : incendie, sauvetage, travail de nuit, travail du scaphandre (après une demi-heure d'exercice), il peut être délivré aux officiers mariniers, quartiers-maîtres et marins des dépôts une ration supplémentaire de 25 centilitres de vin.

2. — Les préfets maritimes commandant en chef, les inspecteurs généraux de la marine sont autorisés à accorder la même ration supplémentaire à la suite d'inspections.

Art. 18.

Ration hygiénique.

1. — Les officiers mariniers, quartiers-maîtres et marins des dépôts ont droit, pendant la saison des chaleurs, à 3 grammes de café, par homme et par jour, pour assainir l'eau qu'ils boivent.

2. — La durée normale de cette allocation est fixée, du 15 juillet au 31 août, pour les 1er, 2e et 3e arrondissements maritimes, et du 15 au juin au 15 septembre, pour les 4e et 5e arrondissements. Ces dates doivent être considérées comme des dates extrêmes, dans l'intervalle desquelles les délivrances peuvent être autorisées; mais les Préfets maritimes doivent diffé-

rer ces délivrances ou en abréger la durée, suivant l'état de la température.

3. — En dehors des périodes déterminées ci-dessus, cette ration ne peut être distribuée sans une décision spéciale du Ministre.

4. — La ration hygiénique peut être remplacée par une indemnité représentative.

ART. 19.

Marins en détachement.

Les officiers mariniers, quartiers-maîtres et marins voyageant en détachement par les chemins de fer reçoivent, par jour, une ration composée de 750 grammes de pain et de 200 grammes de conserves de viande.

ART. 20.

Supprimé (27 novembre 1901).

CHAPITRE III

DÉTENUS DES PRISONS MARITIMES

SECTION PREMIÈRE

RATION

ART. 21.

La ration des détenus, dans les prisons maritimes, est composée comme suit :

DENRÉES	RATION journalière	DIVISION PAR REPAS			OBSERVATIONS
		DÉJEUNER	DINER	SOUPER	
Pain.	800 gr.	250 gr.	275 gr.	275 gr.	Il peut être délivré du biscuit à raison de 180 gr. pour 258 gr. de pain.
Viande	250 gr.	ou 150 gr. de conserves de viande ou 200 gr. de porc salé.			
Légumes verts	0 fr. 02				
avec					
Légumes secs.	100 gr.	pouvant être remplacés par une indemnité représentative de 2 centimes.			
Graisse ou huile	10 gr.				
Poivre	0 gr. 05				
Sel	16 gr.				
Vinaigre	5 mill.				

SECTION II

DÉLIVRANCES HORS RATION

Art. 22.

Suppléments de pain

Le commissaire aux fonds et prisons peut faire accorder exceptionnellement aux hommes pour lesquels la ration réglementaire est insuffisante,
les suppléments de pain et de biscuit déterminés par le médecin de la pri-
son. Ces suppléments ne peuvent dépasser 275 grammes de biscuit ou 375
grammes de pain par jour ; la concession en est limitée au cinquième de
l'effectif des détenus.

Art. 23.

Ration des détenus punis.

Les détenus punis de cellule, du cachot ou de la privation du temps de
repos et ceux qui ne se livrent pas au travail, ne reçoivent que la ration
de pain ; toutefois, cette ration peut être augmentée de 250 grammes pour
les détenus qui sortent de la cellule à l'effet d'exécuter certains travaux de
propreté.

Art. 24.

Ration hygiénique.

Les détenus ont droit, pendant la saison des chaleurs, à la ration hygiénique prévue à l'article 18.

Art. 25.

Suppléments de vin.

1. — Les détenus de la maison de correction qui sont employés à des
travaux de force à l'extérieur peuvent recevoir, par journée de travail, une
ration de 25 centilitres de vin.

2. — Cette allocation est réduite à 12 centil. 5 pour les hommes qui n'ont
été employés aux travaux que pendant une partie de la journée.

CHAPITRE IV

SECTION 1re

RATION

ART. 26.

Ration des troupes.

1. — Les sous-officiers, brigadiers, caporaux et soldats des troupes de la Marine ont droit, chaque jour de présence, à une ration composée :

1º De 750 grammes de pain et de 300 grammes de viande fraîche (le pain peut être remplacé par du biscuit, à raison de 180 grammes pour 250 grammes de pain et la viande par des conserves de viande, à raison de 200 grammes ou par du porc salé à raison de 250 grammes pour 300 grammes de viande fraîche).

2º *D'un quart* de la ration suivante de café et de sucre :

Troupes	(12 gr. de café vert (soit 3 gr. par jour) ;
munies de percolateurs.	(10 gr. de sucre (soit 2 gr. 5 par jour) ;
Troupes	(19 gr. de café vert (soit 4 gr. 75 par jour) ;
sans percolateur.	(18 gr. de sucre (soit 4 gr. 5 par jour).

2. — La ration de viande ou la ration complète peut être remplacée par une indemnité représentative dont le taux est déterminé par le Ministre.

SECTION II

DÉLIVRANCES HORS RATION

ART. 27.

Ration hygiénique,

Les hommes de troupe ont droit, pendant la saison des chaleurs, à la ration hygiénique prévue à l'article 18.

ART. 28.

Suppléments aux troupes détachées à Gâvre.

Les sous-officiers, brigadiers et artilleurs de la Marine, détachés à Gâvre pour le service de la Commission d'expériences de tir, reçoivent un supplément de 25 centilitres de vin.

Art. 29.

Suppléments de vin.

1. — Les Inspecteurs généraux, lors de leurs inspections annuelles, et les Préfets maritimes, à la première revue dite d'installation qu'ils passent lors de la prise de possession de leur commandement, sont autorisés à faire délivrer aux troupes une ration supplémentaire de 25 centilitres de vin.

2. — Cette ration supplémentaire peut être accordée à l'occasion des réjouissances publiques.

SECTION III

INSCRITS DISCIPLINAIRES

Art. 30.

Ration des inscrits disciplinaires.

1. — Les marins de la section spéciale du corps des disciplinaires des Colonies reçoivent la ration de troupe.

2. — Il est versé à l'ordinaire du corps, sur les fonds du chapitre « vivres », une somme égale à celle qui est prélevée sur la solde des fusiliers disciplinaires.

CHAPITRE V

Art. 31.

Prisonniers de guerre.

La ration des prisonniers de guerre soit à bord des bâtiments, soit à terre, est composée pour chaque homme, sans distinction de grade, conformément aux dispositions des articles 1 et 16 ; toutefois, il ne leur est alloué à bord comme à terre, qu'une ration de vin de 25 centilitres au dîner.

Art. 32.

Condamnés.

Les condamnés reçoivent, à la mer, la ration du marin embarqué, sans vin.

BASES D'EMBARQUEMENT DES VIVRES DE CAMPAGNE

Les quantités de vivres de campagne à embarquer sur les bâtiments sont calculées d'après les fixations du tableau suivant, qui indique la composition de 1000 rations :

QUOTITÉ de la ration	DÉSIGNATION DES DENRÉES		QUANTITÉS correspondantes à 1000 rations	PROPORTION adoptée	OBSERVATIONS
0ᵏ, 150	Biscuit (déjeuner)		107 kil.	5/7	
0, 148	Farine. . { déjeuner		84 } 491	4/7	
0, 407	{ diner et souper . . .		407 }	7/7	
	Fleurage		3 kil.	»	
0ˡ, 50	Vin		525 litres.	7/7	Y compris 5 p. 100 en plus.
0ᵏ, 020	Café		20 kil.	7/7	
0, 020	Sucre		20 kil.	7/7	
0, 125	Conserves de viande (A) { diner. .		89 } 169	5/7	
0, 125	{ souper. .		80 }	18/28	
0, 300	Porc salé		»	»	Les délivrances se font a raison de 300 g . pour 250 g. de conserves de viande.
0, 100	Conserves de poissons.		7 kil.	2/28	A raison de deux soupers par mois.
0, 100	Légumes secs. . . . { haricots .		70 kil.	5/7	
	{ riz . . .		1 kil.		
»	Légumes desséchés		»	»	Les délivrances n'ont lieu que sur la demande des commandants, lesquels determinent les quantités a embarquer pour les cas où il leur serait impossible de se procurer des légumes frais.
0, 006	Graisse		4 kil.	7/7	Les magasins des subsistances délivreront aux bâtiments de la gelée de viande en remplacement de graisse ou d'huile lorsque les approvisionnements l'exigeront.
0, 006	Huile		2 kil.	7/7	
0ᵍ, 02	Poivre		0ᵏ, 100	7/7	
0ᵏ, 016	Sel . . { ration		16 kil.	7/7	
	{ fabrication.		3 kil.	»	
0ˡ, 008	Vinaigre		3 litres	7/7	

(A) Les bâtiments recevront des boites de 1 kilog. ou au dessous pour faire l'appoint des distributions, etc. Pour les petits bâtiments (torpilleurs, etc.), la totalité de l'approvisionnement sera constituée en boites de 1 kilogr. ou au-dessous.

Le nombre des repas de biscuit à embarquer sera fixé par le commandant en chef.

En principe, il sera distribué aux équipages embarqués 3 repas de pain par jour et, hors des arsenaux, il sera suppléé à l'insuffisance des moyens du bord par des achats.

Le nombre de jours de denrées solides ou de liquides à mettre à bord des bâtiments sera déterminé, suivant les types des navires (1), par les commandants en chef, qui fixeront également le minimum au-dessous duquel les approvisionnements ne devront jamais descendre.

Les bâtiments non naviguants tiendront compte de la faculté de percevoir des indemnités représentatives.

BASES D'EMBARQUEMENT DES VIVRES
POUR LES DÉLIVRANCES HORS RATION

Les quantités de vivres à embarquer sur les bâtiments pour délivrances hors ration seront déterminées par l'administration du port d'armement.

L'approvisionnement pour les délivrances au personnel de la machine sera fixé dans la prévision de six jours de chauffe par mois, en prenant pour base le nombre de rationnaires du personnel de la machine et le nombre de mois de l'approvisionnement de vivres de campagne.

Les liquides à distribuer en gratifications seront pris sur l'approvisionnement du bord.

---

(1) Tel bâtiment, par exemple, qui peut loger soixante ou soixante-quinze jours de vin, ne peut prendre que quarante-cinq jours de farine.

DÉLIVRANCE DU COMBUSTIBLE POUR LA CUISSON
DES ALIMENTS

1º *Délivrances aux bâtiments.*

Les quantités de bois et de charbon à embarquer pour la cuisson des aliments sont fixées de la manière suivante :

		QUANTITÉS A EMBARQUER par mois		OBSERVATIONS
		Bois	Charbon	
CUISINES DES ÉQUIPAGES		kilogr.	kilogr.	NOTA. — Si l'effectif des rationnaires est supérieur a 1200, il embarque en plus :
	1,200 rationnaires . .	5,950	7,930	
	1,100 — et plus.	5,600	7,460	
Bâtiments	1,000 — . .	5,239	6;970	1º 300 kilogr. de bois ;
à vapeur	900 —	4.840	6,450	2º 400 — de charbon,
et à voiles	800 —	4,430	5,900	par 100 hommes et par mois.
à la m er,	700 —	4.000	5,330	
dans	600 —	3,550	4,730	Il n'est pas interdit de remplacer le charbon par le bois.
les ports	500 — . . .	3,080	4,100	et *vice versa,* lorsque cette mesure est nécessitée par l'état
et rades	400 —	2,590	3,450	des approvisionnements ou les
de France	300 —	2,080	2,770	convenances du service.
comptant	200 —	1,550	2,060	
à	100 —	1,000	1,340	Dans les cas de l'espèce, la ration de charbon sera de la
l'effectif.	70 à 99 —	800	1,060	moitié du poids de la ration
passagers	50 à 69 — . . .	700	930	réglementaire de bois, et réciproquement, les fixations
compris	10 à 49 —	600	800	pour le bois s'élèveront au double des fixations correspondantes en charbon.
	Moins de 10 rationnaires par 100 rations	150	200	
CUISINES DISTILLATOIRES				
1re grandeur			2,400	Les quantités de combustible pouvant être parfois insuffisantes, on ne devra pas, lors de l'apurement des comptes, imputer aux maîtres commis les excédents de dépenses (circulaire du 27 juillet 1889).
2e —			1,800	
CUISINES DES TABLES				
1re grandeur			1,590	
2e —			750	
3e —			660	
4e —			600	
5e —			480	
6e —			450	

2º *Délivrances aux marins à terre ;*

3º *Délivrances aux prisons maritimes.*

Les quantités à délivrer sont celles prévues ci-dessus pour les bâtiments, diminuées d'un cinquième.

Le combustible nécessaire aux troupes, tant pour la cuisson des aliments que pour le chauffage des chambres, est fourni par la Direction des travaux hydrauliques (Circulaires des 14 avril 1891 et 26 avril 1892).

BASES D'EMBARQUEMENT DES VIVRES DE MALADES

1re CATÉGORIE. — *Stationnaires. — Bâtiments-écoles non naviguants. Bâtiments en essais. — Garde-pêche.*

Limiter les délivrances à :

2 demi-litres de bordeaux ;
2 demi-litres de Banyuls ;
1 k. 500, pour 100 hommes, de lait concentré.

2e CATÉGORIE. — *Autres bâtiments ne s'éloignant pas des côtes de France et d'Algérie ou naviguant dans les mers d'Europe (escadres).*

Pour 100 hommes :

10 litres de vin en bouteilles (en demi-litres).
1 kilogr. de gelée de viande.
1 kilogr. de conserves de volailles.
1 kilogr. de haricots verts.
1 kilogr. de pois verts.
0 k. 250 de chocolat.
0 k. 500 de pruneaux.
0 k. 150 de tapioca.
0 k. 250 de gelée de pommes.
0 k. 250 de gelée de coings.
0 k. 250 de beurre.
6 kilogr. de lait concentré.
8 litres de vin de Banyuls (en demi-litres).
8 litres de vin de Bordeaux (en demi-litres).

L'approvisionnement ne sera complété, pour chaque denrée, que lorsque l'existant sera réduit à la moitié des quantités résultant de ces fixations.

3ᵉ CATÉGORIE. — *Bâtiments effectuant de longues traversées ou des campagnes spéciales.*

NOMENCLATURE des DENRÉES	DÉLIVRANCE A L'ARMEMENT POUR UNE CAMPAGNE DE 2 ANS (S'il y a lieu de pourvoir au remplacement de certaines denrées, les quantités à demander seront basées sur la période restant à accomplir).						DIVISION navale de Terre-Neuve et d Islande
	DIVISION navale de l'Atlantique.	DIVISION navale de l'océan Indien	DIVISION navale du Pacifique	DIVISION navale de l'Extrême-Orient	Indo-Chine	STATIONS locales Sénégal, Congo, Guyane, Tahiti, Nouvelle Calédonie	
	Pour 100 homm.	Pour 100 homm.	Pour 100 homm.	Pour 100 homm.	Pour 100 homm.	Pour 100 homm.	Fixations des bâtiments de la 2ᵉ catégorie
Vin en bouteilles .	40 lit. en 1/2 lit	40 lit. en 1/2 lit	60 lit. en 1/2 lit	60 lit. en 1/2 lit	20 lit. en 1/2 lit	20 lit. en 1/2 lit	
Gelée de viande. .	4ᵏ	4ᵏ	6ᵏ	6ᵏ	4ᵏ	2ᵏ	
Con-serves { de volailles	4	»	6	2	2	2	
de haricots verts	4	»	6	2	2	2	
de pois verts	4	»	6	2	2	2	
Chocolat	1.200	1,200	1,800	1,800	»	0,600	
Pruneaux . . .	4	4	6	6	»	2	
Tapioca	0,600	0,600	0,900	0,900	0,300	0,300	
Gelée de pommes .	1,400	»	2,100	2,100	0,700	0,700	
Gelée de coings . .	1,400	1,400	2,100	1,500	0,700	0,700	
Beurre	1,000	1,000	1,500	1,500	0,500	0,500	
Lait concentré . .	6	6,000	6	6	6	6	
Vin fin de Banyuls	8 lit. en 1/2 lit	8 lit. en 1/2 lit	8 lit. en 1/2 lit	8 lit. en 1/2 lit	8 lit. en 1/2 lit	8 lit. en 1/2 lit	
— de Bordeaux. .	8 lit. en 1/2 lit	8 lit. en 1/2 lit	8 lit. en 1/2 lit	8 lit. en 1/2 lit	8 lit. en 1/2 lit	8 lit. en 1/2 lit	

Si les quantités résultant de ces fixations paraissaient soit trop fortes, soit insuffisantes pour certains bâtiments, en raison de la nature de la campagne, l'autorité maritime pourrait les diminuer ou les augmenter dans telle proportion qu'il y aurait lieu.

Les bâtiments rentrant en France au terme d'une campagne ne devront faire d'approvisionnements que dans la limite du strict nécessaire pour le retour.

Le vin de Banyuls à délivrer à la flotte devra avoir été conservé *un an* dans les magasins pour éviter la fermentation à bord. Sur les navires, on devra le placer en lieux frais.

TABLE

Accidents et collisions en mer, loi du 10 mars 1891. Brochure in-16 . . . . 0 fr. 50

Album des Pavillons, guidons et flammes de toutes les puissances maritimes, in-4. . . . . 15 fr.

Annuaire des marées des côtes de France (paraissant chaque année). 1 fr.

Arrimage des marchandises à bord des navires de commerce. — (Décret du 1er décembre 1893). Brochure in-8. . . . . . . 0 fr. 50

Code Internationnal des Signaux à l'usage des bâtiments de toutes les nations, 1 fort volume in-4°, nouvelle édition cartonné toile . . 11 fr.

Décret loi disciplinaire et pénal pour la marine marchande du 24 mars 1852, *modifié par la loi du 15 avril* 1898, texte officiel avec notes et appendices à l'usage des capitaines de la marine du commerce, par *Mangon de la Lande,* br. in-8 (2e édition mise à jour). . . . . . 3 fr.

Journal de bord, *Marine à vapeur* pour 3 mois, un cahier in-4° cartonné. . . . . 6 fr.

Journal de Mer, un cahier in-4°. . . . . 1 fr. 50

Journal Nautique, un cahier in-f° (pour un mois). . . . . . . 1 fr.

Liste des bâtiments de la marine française (guerre et commerce), paraissant chaque année, in-8. . . . . 3 fr.

Livre de bord du mécanicien, in-4, cartonné. . . . . 4 fr. 50

Livre de punitions, in-4, cartonné. . . . . 0 fr. 60

Loi sur l'Inscription Maritime du 24 décembre 1896, *en vigueur du 1er juillet* 1897, brochure in-8. . . . . 1 fr.

Loi sur la Marine Marchande du 30 janvier 1893 (Primes à la Navigation et à la Construction), brochure in-8. . . . . 1 fr. 50

Primes à la Navigation et à la Construction (loi du 30 janvier 1893). — *Déclaration d'armement et registre des traversées du navire.* Un cahier in-4, pour 10 escales . . . . 3 fr.

Règlement sur le service des feux, les signaux à faire et les manœuvres à exécuter à bord des bâtiments de l'État et du commerce *pour prévenir les abordages,* décret du 21 février 1897, *en vigueur du 1er juillet* 1897, in-16. . . . . 0 fr. 50

Tableau des distances de port à port pour le Long-Cours. Un fort volume in-4. . . . . 6 fr.

Tableau des distances de port à port pour le Cabotage international (loi sur la Marine Marchande du 30 janvier 1893, établissement et mode d'emploi du tableau des distances). — Un fort vol. in-4. . . . . 10 fr.

DIJON. — IMPRIMERIE DARANTIERE.